AF309893

BON SENS

ET

POLITIQUE

PARIS

CHARLES DOUNIOL ET Ce, LIBRAIRES-ÉDITEURS

29, RUE DE TOURNON.

—

1871

Ceci n'est point et ne veut pas être un traité.

Ce sont de simples notes, vives, alertes, spirituelles, et en qui la forme humoristique ne fait que rehausser davantage un profond caractère de vérité et de bon sens.

Elles sont tombées en nos mains par un heureux hasard : nous ne voulons pas garder pour nous seuls le plaisir de les lire.

Nous ne sommes pas autorisés à faire connaître de quelle plume elles émanent.

Ce que nous pouvons dire sans manquer à la discrétion, et pour satisfaire et aiguiser à la fois la curiosité du lecteur, c'est qu'elles sont l'œuvre d'un homme politique qui a depuis longtemps et qui a encore la main dans nos affaires.

Aussi ne s'étonnera-t-on pas que, sous une forme légère et piquante, elles laissent percer une triste et amère expérience.

A ***, novembre 1871.

SOMMAIRE.

BON SENS

ET

POLITIQUE

Au commencement de septembre 1870, on affichait sur les murs de Paris un arrêté d'un nouveau Préfet de police. Il y était dit : les sergents de ville sont supprimés. — Il est créé un corps de gardiens de la paix. — Puis ces quatre mots : Ils ne seront pas armés.

Ils ne seront pas armés !

Mais les voleurs eux ne seront-ils plus armés ? Comment, pour me protéger contre des hommes armés jusqu'aux dents, vous me donnez des hommes qui ne peuvent porter une arme ? Cela a-t-il le sens commun ?

Non, veut bien me répondre M. de Kératry,

cela n'a pas le sens commun ! Mais que voulez-vous? c'est une mesure politique, c'est une concession à faire au peuple de Paris. Vous avez le revolver : vous ferez bien d'en porter toujours un sur vous.

Et je me rappelais, en achetant mon revolver, ce qu'écrivait un de nos diplomates après avoir passé six ans aux États-Unis comme Ministre de France : c'est un pays où la loi protège le coquin et où l'honnête homme est obligé de se protéger lui-même.

*
* *

Trois fois déjà j'ai vu désarmer les sergents de ville. Et trois fois je les ai vus réarmer d'une façon plus terrible. En septembre plus une arme : en mai, fusil, sabre et revolver.

*
* *

Tout ou rien, faire et défaire, écrire et effacer, effacer et écrire de nouveau ! Cela est, donc cela ne sera plus ! Cela n'est pas ! Vite, que cela soit ! La politique le veut ainsi et ce sont les hommes de bon sens qui paient.

Qu'est-ce qu'il y a au rôle aujourd'hui?

— Oh ! rien ! un voleur, escalade, effraction ; son affaire ne sera pas longue.

— Isidore est accusé d'avoir volé un cochon. On lui parle du même ton que s'il était déjà condamné. Un jeune avocat fait là ses débuts ; il paraît honteux de son client. Le jury reste huit minutes dans la salle des délibérations : coupable.

Condamnation : cinq ans de réclusion, cinq ans de surveillance.

Sa femme est la femme du voleur ; ses enfants sont les enfants du voleur. On les évite, on les fuit ; personne ne veut les employer. Ils sont les derniers à qui on se décide à faire l'aumône. On crie à la servante : « Ne les laissez pas entrer, surtout ! »…..

Stéphane a brûlé pour cinquante millions de maisons, de meubles, de papiers que rien ne peut suppléer. Il a causé la mort de vingt personnes, peut-être davantage. Il a ruiné dix mille familles, a blessé les intérêts de cent mille autres. Il est cause de la folie de celui-ci, de la paralysie de celui-là, de la phthisie de l'une, de la fausse couche de l'autre.

Ils pleurent tous ceux-là, ils souffrent, ils sont frappés dans ce qu'ils aimaient !

Stéphane est au banc des accusés.

On l'interroge avec égards.

Il a deux avocats, de ceux qui ne plaident que pour vingt mille francs ; mais lui n'a eu qu'à accepter leurs services : il les paie de reste par sa célébrité.

Il est condamné : il va faire sa peine. Toutes les fois qu'il aura la grippe et la cholérine, les journaux annonceront d'abord qu'il est malade, puis qu'il vient d'être transféré dans un quartier de la prison plus aéré, mieux chauffé.

La personne appelée madame Stéphane touche un subside mensuel. Le jeune Stéphane, espoir né du parti, suit les cours du lycée. Les amis préparent l'élection de Stéphane à la prochaine assemblée nationale.

S'il n'est pas élu, ils le feront préfet. Et c'est lui qui fera surveiller Isidore.

*
* *

Belles maximes :

« Il n'y a pas de délit de la pensée. »

« Il n'y a pas de délit de presse. »

« La presse corrige elle-même ses erreurs et ses excès. »

« Le journaliste exerce un sacerdoce. »

« L'indépendance entière, absolue, de sa parole est la plus sûre garantie de notre liberté à tous. »

« La liberté de la presse est la condition essentielle de la vie politique chez un peuple. »

Je ne demande pas mieux que de dire ces phrases-là, puisque tous les hommes politiques les disent : ceux qui deviennent quelque chose les disent jusqu'à ce qu'ils soient devenus quelque chose; ceux qui n'arrivent à rien les disent toute leur vie.

Donc, je veux bien dire tout cela.

Mais enfin : Un ivrogne m'insulte, un jour de marché, sur la place : a-t-il le droit de m'insulter devant huit ou dix personnes, enchantées d'ailleurs de ma mésaventure?

— Non.

— Non ! et alors, comment le journaliste a-t-il le droit de m'insulter de façon à ce que l'injure soit connue par mille et peut-être par trois millions de personnes.

A-t-on le droit de me voler, de me léser dans mes biens ?

— Non.

— Et alors, comment ce monsieur a-t-il le droit d'imprimer tous les jours qu'on doit me voler ?

A-t-on le droit de me tuer?

— Non.

— Et alors, comment ce monsieur a-t-il le droit d'écrire tous les jours que je dois être tué et que c'est par moi qu'il faudra commencer?

*
* *

Un monsieur passe dans la rue, il est ap-
préhendé par cinq hommes armés de fusils.
« Comment ! on l'arrête, on le mène en prison ? Mais de quel droit, bon Dieu ! de quel
droit ?.... »

— Oh ! ce n'est rien, c'est un ancien ministre. Affaire politique.

— Mais savez-vous qu'un commissaire de
police a été condamné à plusieurs mois de
prison, pour avoir arrêté, sans droit, une
personne contre qui il n'y avait point de
mandat ?

— Sans doute ! un commissaire ! Mais le
peuple ! vous comprenez !...

J'entends marquer le pas ; je me précipite à
la fenêtre : M. le curé est conduit en prison.

Comment ! on arrête M. le curé ? — Mais,
dame ! un prêtre, vous comprenez !...

Mais c'est que je ne comprends pas du tout! Si l'on a le droit d'arrêter aujourd'hui le premier venu, on a le droit de nous arrêter tous demain. Si on n'a pas le droit de nous arrêter tous, comment aurait-on le droit d'arrêter ceux-là?

— Oh! s'il est question de droit, cela est évident.

Mais les scènes politiques ne commencent-elles pas toujours comme vous le voyez là. Les condamnés sont dans la rue, les juges et les volés sont en prison.

* *

Une mesure est jugée bonne par tous ceux qui ont quelque intérêt dans l'affaire. On se met d'accord ; on va au bureau du journal ; on lui demande son appui.

— Eh ! mon Dieu ; nous serions enchantés de vous obliger, messieurs. Mais ce que vous demandez, n'est pas dans notre ligne ; cela ferait les affaires du candidat opposé, du journal semi-officiel. C'est fâcheux ; vous avez mille fois raison ; mais il faut qu'un journal politique reste dans sa ligne !... Si vous voulez notre appui, c'est bien simple : faites attaquer votre plan par le journal de la préfecture, et alors nous vous soutiendrons. Ce sera entre nous à la vie et à la mort !

* *

Un journal de l'opposition ! un homme de

l'opposition!! un député de l'opposition!!! Concevez-vous bien ce phénomène?

Concevez-vous un écrivain, un homme, un orateur qui, d'avance, prend l'engagement public de faire toujours de l'opposition, de dire toujours, en tous cas, dans toutes les affaires, que le gouvernement a tort? Concevez-vous cela?

Le gouvernement le dit. — C'est faux.

Le gouvernement le nie. — C'est vrai.

On avait à choisir entre deux mesures, deux tarifs, deux règlements; le gouvernement a choisi le numéro un : donc c'est le numéro deux qui était bon.

*
* *

Blâmer un certain nombre de mesures que l'on croit blâmables : très bien !

Appeler l'attention de ses concitoyens sur un fonctionnaire qui paraît incapable ou indigne : très-bien encore !

Mais se faire à soi-même ou se laisser imposer une obligation absolue de blâmer tout ce qui se fait, de suspecter toutes les intentions, de soupçonner tous les hommes, de toujours attaquer, — et cela lorsqu'on est convaincu que ce qui se fait était pourtant la seule chose à faire !

Etre de l'opposition quand même et trouver mauvais tous les actes, et trouver indignes tous les hommes, ah ! ce n'est pas seulement contraire au bon sens, c'est contraire à l'honneur.

Que voulez-vous ? la politique !...

J'avais une affaire qui ressortissait au ministère des travaux publics (1).

Tout allait bien. J'avais attendu longtemps, mais enfin tout paraissait marcher. Je ne de-

(1) L'auteur veut-il dire ici que le « bon sens » condamne en bloc un cabinet responsable et un gouvernement de majorité si essentiels au régime représentatif? Nous ne le pensons pas. Il constate seulement les ridicules et parfois désastreux effets de l'instabilité de *certains* ministères. Au département « des travaux publics » il faudrait joindre ceux de l'instruction publique et de la guerre. Jamais une importante réforme n'y sera menée à terme sans esprit de suite chez des hommes spéciaux.

Voir dans l'un des derniers numéros de la *Revue des Deux-Mondes* (1 novembre 1871) l'ingénieux système proposé par M. Emile de Laveleye, qui, tout en respectant la constitution du cabinet parlementaire, fait nommer par une seconde chambre, d'accord avec le chef du Gouvernement, les ministre des travaux publics, de l'instruction publique et de la guerre. Ces ministres resteraient en fonctions jusqu'à révocation et seraient individuellement responsables devant le parlement.

(Note de l'éditeur).

mandais pas une faveur ! Non, il s'agissait pour ma commune du tracé d'un chemin qui devait lui donner accès vers la ville.

Bref, j'avais tout le monde pour moi : le préfet, les bureaux de la préfecture et les bureaux de Paris. On me répondait : d'un moment à l'autre vous serez porté à la signature du ministre.

En ouvrant un samedi mon journal hebdomadaire, j'aperçois que depuis cinq jours déjà le ministre est changé. J'attends, j'écris ; plus de réponse. Allons ! un nouveau sacrifice ! je pars pour Paris.

J'arrive dans les bureaux.

— Eh bien ! vous pouvez vous vanter de n'avoir pas eu de chance ! Je me préparais à faire rédiger la pièce quand le ministre est parti. A présent, c'est à refaire. Le nouveau ministre voudra voir, se rendre compte, il fera peut-être faire de nouvelles études. Et puis ! Et puis ! Ceux qui vous appuyaient sont maintenant de l'opposition. Bref, vous n'avez pas eu de chance !

— Et maintenant, que me conseillez-vous de faire?

— A votre place, j'attendrais ; je me tiendrais tranquille?

— Comment encore attendre?

— Oui! Ce ministère-là pourrait bien n'être qu'un ministère de transition, six mois, quatre mois, un an, on ne sait pas! Attendez quelque chose de mieux assis.

— Mais l'ancien ministre ne savait donc pas son affaire?

— Au contraire! Savez-vous que nous le formions déjà depuis trois ans? Il commençait à bien marcher; mais il a bien fallu qu'il suivît ses amis politiques. Le ministre de l'intérieur avait eu un échec dans la loi sur la presse : tout le cabinet est tombé, c'est dans l'ordre.

— Mais qu'est-ce que tout cela a de commun avec nos affaires?

— Voilà bien les provinciaux! on ne peut pas vous amener à comprendre les nécessités de la vie politique et le jeu des partis.

— Mais puisqu'il était bon ministre?

— Mais puisque son parti tombait?

— Mais qu'on nous donne un ministre qui sache son métier, qui fasse nos affaires, et qui ne soit pas d'un parti !

— En voilà une bonne ! Il n'y a pas moyen de causer avec vous. Enfin, je vous plains, vous n'avez pas eu de chance : c'est tout ce que je puis vous dire.

*
* *

Un gouvernement tombe.

Un nouveau gouvernement prend sa place.

La lettre de faire-part est envoyée dès le soir même à tous les départements.

Tous les fonctionnaires sont menacés ! Tous sont indignes ; tous, préfet, procureur, bibliothécaire, administrateur de l'hôpital, commissaire de police, tous enfin.

Un homme de bon sens se dit : Nous l'échappons belle ! Avoir été si longtemps gouvernés par de tels hommes ! Mais, à cette fois, on s'y prendra mieux ; on se donnera le temps ; enquêtes, concours, tous les moyens seront employés pour écarter les imbéciles, les incapables, les malhonnêtes gens.

Du temps ! Mon brave homme ! Dès le troisième jour, les deux tiers des fonctionnaires nouveaux seront installés ; les autres avant la huitaine.

Du temps ! Et la réaction qui lève déjà la tête !
Du temps ! Mais notre parti n'aurait jamais son
tour ! Ce serait bien la peine d'être des hommes
politiques et de faire des révolutions.

*
* *

— Ah ça ! que me dit-on ? Vous seriez préfet ?

— Je suis préfet !... Est-ce que cela vous
étonne ?

— Non ! mais vous comprenez... Du reste,
voilà près de dix ans que nous ne nous sommes
vus, et en dix ans, on peut apprendre bien des
choses. Je me rappelle que vous étiez travail-
leur. Mais un préfet doit savoir tant de choses ! Tout lui passe par les mains !

— Je sais la politique, mon cher ! cela me
suffit. J'ai toujours écrit depuis que vous
m'avez vu entrer au *Progrès*. J'ai fait plus d'un
journal, plus d'une ville ; toutes les grandes
questions m'ont passé par les mains ; c'est à
moi, qu'en province, beaucoup des nôtres ont
dû leur élection. Sans moi, X... ne serait pas
aujourd'hui ministre... Enfin, me voilà.

— J'en suis enchanté! Mais, pour les affai-res?...

— Les affaires se font dans les bureaux. Les bureaux ne sont-ils pas là pour les affaires? — Je signerai, et je dirigerai la politique.

*
* *

Il nous faut des officiers instruits. Il y a dix-huit mois, on disait qu'ils l'étaient tous. A présent, on dit qu'il n'y en a plus un seul qui ne soit un parfait ignorant.

Quoi qu'il en soit, il faut qu'ils soient instruits; qui donc les choisira?

Attendez un peu.

Que faut-il pour qu'un homme soit un bon officier?

Il faut qu'il sache les mathématiques, le dessin, l'histoire militaire, les fortifications, la balistique et la pyrotechnie, l'histoire du perfectionnement des armes, la géographie, la topographie, la tactique et la stratégie. Il doit avoir une grande aptitude aux exercices du corps. Il est de plus indispensable qu'il ait une grande possession de soi-même, un profond sentiment de sa dignité et de celle des autres, beaucoup de sang-froid, beaucoup de prudence, beaucoup de fermeté et d'honneur.

*
* *

Bien ! Maintenant je sais par qui les officiers doivent être choisis.

Par qui donc ?

Par des hommes qui sachent lever des plans, construire des armes, qui sachent plus de mathématiques, plus de dessin, plus de physique et de chimie, plus d'histoire et de géographie, plus de stratégie que les officiers n'en doivent savoir eux-mêmes. Pour les juger, il faut en savoir plus qu'eux.

Par des hommes, enfin, qui aient beaucoup lu, beaucoup observé, beaucoup agi : car ce n'est pas chose facile que de distinguer si un officier saura être homme de devoir, et s'il saura se faire estimer, respecter et obéir.

. . . .

Non ! Les officiers seront élus par les soldats. Voilà le principe républicain !

*
⁎ ⁎

— Comment par les soldats ! Mais les soldats ne savent rien ! Ils ne peuvent juger si tel homme est plus instruit que tel autre.

— Que voulez-vous ! C'est le principe ! C'est la plus pure tradition révolutionnaire. Où en serions-nous si nous lâchions cela ?

— Mais c'est une armée perdue ! ce sont des hommes morts ; nous serons battus, ruinés, ceux du moins qui ont quelque chose, — je sais que vous n'avez rien à perdre.

— Ceux qui mourront, mourront pour la patrie. Les généraux qui seront battus seront destitués et remplacés par la justice nationale. Les bourgeois et les paysans qui pâtiront, pâtiront pour la bonne cause.

— Et vous, que ferez-vous ?

— Moi ! je soutiendrai le principe politique : je ferai des proclamations ; j'animerai les courages !..... A chacun sa tâche !.....

*
* *

— Vous savez : il faut que tout le monde parte !

Partir !....?

Laisser ses parents, quitter son village, son travail ! Renoncer à sa liberté ! Aller au devant des infirmités, des blessures, d'une mort affreuse !.....

— Qu'importe ! Les rois ont « des armées, » nous, nous avons « la levée en masse ! »

— A la honne heure ! Plus nous serons, plus tôt nous aurons fini ! — Quand verra-t-on l'ennemi ?

L'ennemi ! Pauvre garçon, tu ne le verras jamais.

Tu coucheras dans la boue, tu auras pour t'abriter les arbres de décembre et de janvier. Tes pieds gèleront dans la neige ; tu auras faim, tu feras cinquante lieues vers le nord, puis cinquante vers le midi, puis quatre-vingts vers l'ouest.

Tu ne fais pas partie d'une armée : c'est un troupeau.

Si vous étiez deux cent mille, on pourrait vous habiller, vous nourrir, vous armer, vous conduire.

Vous êtes neuf cent mille : marchez, fuyez, mourez !

C'est la levée en masse ! c'est la tradition républicaine !

Les principes le veulent ainsi.

*
* *

On a trois cent mille fusils : c'est peu ; mais en ménageant bien leur distribution, on peut encore faire une armée.

Il y a des bataillons de mobiles, sans armes, à vingt lieues de l'ennemi.

Sans doute c'est vers eux que vont marcher les premiers caissons.

Mais non ! les fusils iront à Marseille, à Toulouse et à Perpignan. Ils vont armer les gardes nationaux de ces villes, puis ceux de Lyon, puis ceux de Bordeaux : — la garde nationale est dans nos traditions !

Et les pauvres mobiles? Sans armes, ils reculent, ils fuient, ils fuient par étapes, de Châlons jusqu'à Mayenne. Ils auraient fui jusqu'à la mer si l'ennemi avait continué à marcher.

Ils accusent, ils maudissent, ils se font méchants.

Meurs, pauvre garçon! Pleure, pauvre femme! ton fils meurt dans une ornière, sans une cartouche, sans un fusil, en bandit, et non en soldat!

— C'est affreux! nous le savons bien. Mais sans les gardes nationaux des villes intelligentes, notre parti ne serait déjà plus au pouvoir.

Nécessité cruelle, mais nécessité politique!

*
* *

Donneriez-vous à ce jeune homme de 21 ans la tutelle de vos enfants?

Non pas ! Avant tout il faut voir pendant quelques années comment il saura se conduire seul.

Alors, pourquoi lui donnez-vous une part dans la tutelle de votre personne, de votre famille et de votre pays : il vous fait vos conseillers municipaux, vos conseillers généraux, vos députés.

*
* *

Électeur à 21 ans.

Juré à 30 ans.

Pourquoi donc?

Ce n'est pas chose difficile que de dire : Cet homme a fait tel acte, j'en suis sûr, — ou, — ne l'a pas fait, — au moins j'en doute.

Mais voter !

Mais savoir distinguer l'homme le plus capable et le plus honnête, le parti le meilleur pour la France !

Il faut avoir vécu, avoir lu, avoir écouté tout au moins.

Et le jeune homme de 21 ans n'a rien vu, rien lu, rien appris de la vie réelle.

Il est encore étudiant, parfois encore élève ; il est apprenti, petit commis. Il commence, en un mot.

Oui ! mais c'est le bon sens qui fixe l'âge où l'on peut être juré, et la politique qui fixe l'âge où l'on est électeur.

*
* ∗

Avoir atteint sa majorité, qu'entend-on par là ?

On entend : être arrivé à l'âge où l'on nous dit : Essayez de marcher seul. Vous êtes responsable de vos actes à partir d'aujourd'hui ; à vos risques et périls, mon ami !

Là-dessus, si un bon jeune homme vous demande votre fille en mariage, vous lui répondrez : Attendons. Je ne serais pas fâché de voir comment vous allez manœuvrer. Pour qu'on puisse juger ce que vous valez, il faut vous voir à l'œuvre.

N'est-ce pas ce que le bon sens répondrait, si on l'interrogeait, aux jeunes citoyens de 21 ans qui demanderaient à voter.

Il leur dirait : Vous étiez enfant hier ; vous ne pouvez pas être homme aujourd'hui.

— Que suis-je donc ?

— Un apprenti de la vie. Dans quatre ou cinq ans, quand vous en connaîtrez quelque chose, alors, vous serez citoyen. Attendez.

Mais on n'interroge pas le bon sens ; on interroge la politique ; elle dit :

« Prenez les jeunes ! »

Ils n'ont rien, ils ne savent rien, ils démolissent ; ils nous feront la place nette.

*

Il semblerait qu'il y a un moyen infaillible de bien faire les affaires de l'État : ce serait de regarder comment les particuliers font les leurs, et de les imiter.

Voyez les Compagnies industrielles, les Sociétés de commerce, de Banque.

Est-ce que quiconque possède une de leurs

actions a droit de prendre part aux délibérations où se décident les intérêts graves ?

Non ! ceux-là votent qui ont un nombre suffisant d'actions, déterminé par les statuts.

Et pourquoi ?

Simplement, parce qu'ayant plusieurs actions, ils ont un sérieux intérêt à ce que la Compagnie prospère, et que par là même ils pèsent ce qu'ils font quand ils votent.

Qui a un intérêt sérieux aux affaires publiques ? Et qui devrait voter ?

Tous ceux qui ont un chez eux, — ceux qui ont dans un lieu de travail une habitude de plusieurs années, — ceux à qui la possession de quelque bien ou une résidence assez longue permettent de dire : Là est mon pays, — ou au moins : Là est ma demeure.

*
* *

Le gouvernement déchu avait une Chambre qui ne comptait que 400 députés ; donc nous en aurons 900.

Le gouvernement que nous avons balayé avait une Assemblée de 900 représentants ; donc nous n'aurons que 250 députés.

Le gouvernement dont la France vient d'être délivrée, avait une Chambre composée de 250 députés ; donc nous en aurons 900.

Le bon sens dirait : Mais si on s'en tenait à une moyenne ?

Une moyenne! en France!

Ou une coterie ou une cohue !

Ou mes amis seuls, si je puis arrêter les autres au passage ;

Ou tous, afin que je puisse me fourrer dans la masse.

Voilà la politique.

Mais qu'est-ce donc que la politique?...

C'est l'art de vivre de la phrase.

C'est l'art de faire travailler pour soi des milliers et des millions d'hommes, qui ne seront jamais payés.

C'est l'art de mentir, de se parjurer, de voler, de détruire et de tuer sans avoir à rendre de comptes à la justice.

PARIS. — IMP VICTOR GOUPY, RUE GARANCIÈRE, 5.

www.ingramcontent.com/pod-product-compliance
Ingram Content Group UK Ltd.
Pitfield, Milton Keynes, MK11 3LW, UK
UKHW021649090726
13657UKWH00004B/1851